Die grosse Notensammlung

Klavier

Die Klassiker von A bis Z

Bearbeitet von
Margarete Babinsky

Band III: Von Mozart bis Tschaikowskij

The Big Music Collection

Piano

The Classics from A to Z

Edited by
Margarete Babinsky

Volume III: From Mozart to Tchaikovsky

© Naumann & Göbel Verlagsgesellschaft mbH, Köln
All rights reserved
ISBN 3-625-17009-4
www.naumann-goebel.de

INHALT
BAND III

VON MOZART BIS TSCHAIKOWSKY

CONTENTS
VOLUME III

FROM MOZART TO TCHAIKOVSKY

Menuet C-dur
Notenbuch für Wolfgang

Leopold Mozart

Menuet de Sigr. Bach

Notenbuch für Wolfgang

Leopold Mozart

Bourlesq A-dur
Notenbuch für Wolfgang

Leopold Mozart

Da Capo sin al Fine

Polonaise C-dur
Notenbuch für Wolfgang

Leopold Mozart

Schwaben - Tanz Es-dur
Notenbuch für Wolfgang

Leopold Mozart

Musette C-dur
Notenbuch für Wolfgang

Leopold Mozart

Da Capo sin al Fine

Angloise d-moll
Notenbuch für Wolfgang

Leopold Mozart

Da Capo dal Segno 𝄋 al Fine

Fantasia del Sigr. Telemann
Notenbuch für Wolfgang

Leopold Mozart

Menuett F-dur

KV 2

Wolfgang Amadeus Mozart

Allegro B-dur

KV 3

Wolfgang Amadeus Mozart

Menuett C-dur
KV 6/IIIa

Wolfgang Amadeus Mozart

Fantasie d-moll
KV 397

Wolfgang Amadeus Mozart

Adagio
Sonate Es-dur KV 282

Wolfgang Amadeus Mozart

Coda

Sonata facile C-dur
KV 545

Wolfgang Amadeus Mozart

28

Andante

Rondo
Allegretto

Türkischer Marsch
Sonate A-dur KV 331

Alla Turca
Allegretto

Wolfgang Amadeus Mozart

Promenade
Bilder einer Ausstellung

Modest Mussorgskij

Gnomus
Bilder einer Ausstellung

Modest Mussorgskij

44

Il vecchio castello (Das alte Schloss)
Bilder einer Ausstellung

Andantino molto cantabile e con dolore

Modest Mussorgskij

47

Bydlo
Bilder einer Ausstellung

Modest Mussorgskij

Sempre moderato, pesante

Tambourin

Jean-Philippe Rameau

Sonatine a-moll
Sechs Miniatur-Sonatinen
op. 136 Nr. IV

Carl Reinecke

Allegro moderato

Mazurka

Vivace

Andantino

Vivace

Romanze As-dur
op. 15 Nr. 2

Nikolaj Rimskij-Korsakoff

Andantino espressivo

Romance Es-dur
op. 44 Nr. 1

Anton Rubinstein

Sonate d-moll ("Sonate pastorale")

Domenico Scarlatti

Allegro

Sonate a-moll

Domenico Scarlatti

Sonate d-moll

Domenico Scarlatti

Sonate C-dur

Domenico Scarlatti

Walzer As-dur
Erste Walzer op. 9 DV 365 Nr. 1

Franz Schubert

Walzer As-dur ("Sehnsuchtswalzer")
Erste Walzer op. 9 DV 365 Nr. 2

Franz Schubert

Walzer A-dur
Deutsche Tänze und Ecossaisen
op. 33 DV 783 Nr. 1

Franz Schubert

Walzer D-dur
Deutsche Tänze und Ecossaisen
op. 33 DV 783 Nr. 2

Franz Schubert

Walzer h-moll
Deutsche Tänze und Ecossaisen
op. 33 DV 783 Nr. 5

Franz Schubert

Walzer B-dur
Deutsche Tänze und Ecossaisen
op. 33 DV 783 Nr. 7

Franz Schubert

Walzer a-moll
Deutsche Tänze und Ecossaisen
op. 33 DV 783 Nr. 10

Franz Schubert

Ecossaise h-moll

Deutsche Tänze und Ecossaisen
op. 33 DV 783 Nr. 1

Franz Schubert

Ecossaise h-moll

Deutsche Tänze und Ecossaisen
op. 33 DV 783 Nr. 2

Franz Schubert

Scherzo B-dur

DV 593

Franz Schubert

Scherzo da Capo

Variation über einen Walzer von Diabelli

DV 718

Franz Schubert

Allegretto c-moll
DV 915

Franz Schubert

Moment musical f-moll
op. 94 Nr. 3

Franz Schubert

Allegro moderato

Impromptu As-dur
op. 142 Nr. 2

Franz Schubert

Trio

94

Impromptu As-dur
op. 90 Nr. 4

Franz Schubert

Pièces fugitives F-Dur
op. 15 Nr. 1

Clara Schumann

Stückchen
Album für die Jugend op. 68

Robert Schumann

Nicht schnell

Fröhlicher Landmann

Album für die Jugend op. 68

Robert Schumann

Armes Waisenkind

Album für die Jugend op. 68

Robert Schumann

Soldatenmarsch
Album für die Jugend op. 68

Robert Schumann

Munter und straff

Erster Verlust
Album für die Jugend op. 68

Robert Schumann

Knecht Ruprecht
Album für die Jugend op. 68

Robert Schumann

Sizilianisch
Album für die Jugend op. 68

Robert Schumann

Schalkhaft

D. C. al Fine

Wilder Reiter
Album für die Jugend op. 68

Robert Schumann

Wiegenliedchen
Albumblätter op. 124

Robert Schumann

Nicht schnell

Walzer
Albumblätter op. 124

Robert Schumann

Fantasietanz
Albumblätter op. 124

Robert Schumann

Von fremden Ländern und Menschen
Kinderszenen op. 15

Robert Schumann

Haschemann
Kinderszenen op. 15

Robert Schumann

Ritter vom Steckenpferd
Kinderszenen op. 15

Robert Schumann

Träumerei
Kinderszenen op. 15

Robert Schumann

130

Kind im Einschlummern
Kinderszenen op. 15

Robert Schumann

Der Dichter spricht
Kinderszenen op. 15

Robert Schumann

Abegg-Variationen
op. 1

Thema

Robert Schumann

Variation 1

Variation 2

il Basso parlando

Variation 3

Variation 4

Cantabile

Finale

Vivace

Feuillet d'Album As-dur

opus posth.

Alexander Skrjabin

Nocturne As-dur
opus posth.

Alexander Skrjabin

152

Etüde cis-moll
op. 2 Nr. 1

Alexander Skrjabin

154

Polka poétique
op. 8 Nr. 2

Bedrich Smetana

Tempo I

Innocente

Fine

sotto voce

rit.

pp

p leggiero

rit.

D. C. al Fine

Lied ohne Worte a-moll

Fritz Spindler

Mazurka C-dur

Maria Szymanowska

Arioso

Georg Philipp Telemann

Burlesca

Georg Philipp Telemann

159

Fantasie d-moll
12 kleine Fantasien Nr. 2

Georg Philipp Telemann

D. C. la Fantasie

Altes französisches Lied

Jugendalbum

Peter Tschaikowskij

Moderato

Die kranke Puppe

Jugendalbum

Peter Tschaikowskij

Der Puppe Begräbnis
Jugendalbum

Peter Tschaikowskij

Mazurka
Jugendalbum

Tempo di Mazurka (Allegro non troppo)

Peter Tschaikowskij

Italienisches Lied
Jugendalbum

Peter Tschaikowskij

Neapolitanisches Tanzlied
Jugendalbum

Peter Tschaikowskij

Più mosso

sempre stacc.

Süße Träumerei
Jugendalbum

Peter Tschaikowskij

Polka
Jugendalbum

Peter Tschaikowskij

Die Hexe

Jugendalbum

Peter Tschaikowskij

März - Lied der Lerche

Die Jahreszeiten op. 37a

Peter Tschaikowskij

Mai - Weiße Nächte
Die Jahreszeiten op. 37a

Peter Tschaikowskij

Allegro giocoso

Juni - Barkarole
Die Jahreszeiten op. 37a

Peter Tschaikowskij

Andante cantabile

Poco più mosso

183

Oktober - Herbstlied
Die Jahreszeiten op. 37a

Andante doloroso e molto cantabile

Peter Tschaikowskij

188

Chanson triste
12 Stücke für Klavier op. 40

Allegro non troppo

Peter Tschaikowskij

191